AF241206

# SAINT AMAND

**639 — 11 Février 1866**

# SAINT AMAND

6.39 — 11 février — 1860

# SAINT AMAND

## 639 — 11 Février 1866

Le glorieux Saint à qui l'on doit la fondation de notre ville, peut, à juste titre, être regardé comme un des plus grands bienfaiteurs du septième siècle. Peu d'hommes en effet sont dignes de lui être comparés. Presque tous les royaumes de l'Europe furent les auditeurs de ses prédications, les témoins de ses miracles ou les théâtres de ses pieuses fondations.

AMAND naquit près de Nantes, vers 594, de Serenus, duc du pays, et d'Amantia. Après de fortes études, il quitte les honneurs qui l'attendent au palais de ses pères, et se retire dans l'île d'Oye, sur les côtes de Bretagne. De-là il se rend à Tours, puis à Bourges, enfin à Rome. De retour en France, il y reçoit l'onction épiscopale.

Dès cette époque, commencent pour notre évêque régionnaire ses longues et périlleuses courses apostoliques. On le voit dans la Gaule-Belgique, dans le pays de Gand et de Trèves, à la cour de Dagobert d'où ses courageuses remontrances le conduisent en exil. Il sillonne la Gascogne, va sur les bords du Danube convertir les Slaves, fait deux nouveaux voyages à Rome, et fonde partout de nombreux monastères, berceaux de cités populeuses.

Ce fut au milieu de ces courses apostoliques que le père des monastères de la Gaule-Belgique jeta les premiers fondements de la vaste abbaye de Saint-Amand, qui devint par la suite la plus belle du Hainaut.

Saint Amand venait, à la prière de saint Eloi, de baptiser le fils de Dagobert ; profitant d'une occasion si avantageuse, il supplie le roi de lui concéder un terrain situé entre la Scarpe et l'Elnon, afin de pouvoir y créer une maison de travail et de prière. Dagobert s'empresse d'accéder à sa demande par un diplôme en date des calendes de mai 639.

« Quoique ce lieu, dit le roi, soit très difficile à cultiver,
» à cause de la forêt épaisse qui le couvre, il a paru cepen-
» dant convenable à Amand, pour le travail, la tranquillité
» et la sanctification. Considérant la digne demande de ce
» révérend prélat, nous lui avons accordé avec joie ce lieu
» qu'il demandait, avec le bois et les eaux qui l'environnent.
» Que lui-même et tous ceux qui lui succèderont possèdent
» en toute sécurité et perpétuellement ce bienfait de la mu-
» nificence royale. Nous prétendons tout placer sous la dé-
» fense de notre protection. »

Muni d'un tel décret, qui peut être considéré comme la plus belle page de notre histoire, saint Amand s'empresse de fonder un oratoire où de nombreux religieux viennent se grouper autour de lui.

La contrée était adonnée au culte sanguinaire de Mercure et autres divinités du paganisme. Saint Amand convertit le peuple, abat l'idole et le temple placés au sommet de la colline de Haute-Rive, près du village de Nivelles, et sur ces ruines établit son premier oratoire. (1)

Saint Amand, fondant notre abbaye, n'en continua pas moins ses lointaines et périlleuses courses apostoliques. Mais

---

(1) A dix siècles de distance, l'abbé Dubois, faisant fouiller le mont d'Hauterive, trouva des sépultures romaines, des ossements brûlés, des urnes à cendre, fioles, bouteilles, plats de terre, miroirs d'acier poli, figures de coq, médailles de Néron, Vespasien et Domitien.

toujours il venait se reposer au milieu de ses *chers enfants d'Elnon.* C'est dans ce monastère qu'il forme à son dur apostolat ces jeunes gens qu'il va, comme saint Eloi, racheter sur les places publiques, où ils sont exposés en vente. Il les instruit dans la connaissance des lettres, leur rend la liberté, s'ils la veulent, ou en fait ses disciples. Bientôt, de la bourgade d'Elnon, partiront des prêtres qui transformeront en hommes pacifiques les peuples turbulents de la contrée. Ces pionniers de la civilisation feront chérir, par leur exemple, la culture de la terre, prouvant à leurs frères barbares ce que peuvent l'ordre, le travail et la persévérance.

Il est difficile de se figurer les travaux que devait entreprendre un évêque missionnaire, tel qu'était saint Amand, pour fonder au milieu d'une population à demi sauvage, un refuge de prière et de travail. Que de peines pour créer ces abris, à l'ombre protectrice desquels venaient respirer quelques familles, noyaux de nos villes de nos grandes cités !

Cependant, l'âge et surtout les fatigues ont brisé les forces du premier abbé de notre cité ; sa carrière est terminée ; il ne quittera plus son monastère de prédilection, son cher Elnon. Dès-lors, il veut consacrer son abbaye d'une manière solennelle. Tout ce que la contrée compte de pieux prélats, de prêtres, de hauts barons, accourent se grouper autour de lui et rehausser par leur présence l'éclat de la fête. La cérémonie terminée, le pieux Amand rédige ses dernières dispositions, ce monument historique nous est conservé ; on y trouve la volonté expresse que son corps soit inhumé au milieu de ses frères, aux rives de l'Elnon.

Le vénérable vieillard, sentant sa fin approcher, se fit transporter près de l'autel de la Vierge ; et là, au milieu de ses religieux en pleurs, il rendit son âme à Dieu le 6 février 684.

Son corps fut d'abord renfermé dans l'oratoire de saint Pierre ; mais la foule des fidèles, attirée par les nombreux miracles qui s'opéraient, rendit bientôt le lieu trop petit. On fut forcé, quinze ans après, de bâtir une église plus spacieuse. La translation des reliques eut lieu en présence des prélats de la contrée, qui trouvèrent encore intacts les restes du saint.

En 809, rapporte Landelin Delacroix, Lothaire, moine d'Elnon, voyant que les eaux avaient crû plus que de coutume, et craignant qu'elles n'atteignissent les reliques, éleva le tombeau. Le pieux moine, poussé par la curiosité, l'ouvrit avec respect; et, à son grand étonnement, il vit le corps du saint, 150 ans après sa mort, parfaitement intact, sans aucune trace de corruption.

En 880, lorsque les Normands vinrent couvrir la contrée de dévastations et de ruines, la châsse de saint Amand fut transportée à St-Germain-des-Prés à Paris.

Le 11 février 1066, un terrible incendie réduit en cendres le couvent, les cloîtres, les chapelles et une partie des maisons environnantes. Mais on était parvenu à sauver du feu la châsse de saint Amand. L'abbé résolut de porter processionnellement, à travers la Gaule-Belgique, les reliques du saint. Les religieux quittent les ruines de leur monastère, traversent Cambrai, Verneuil, Laon, Chauny, Noyon, Douai. Ils reçoivent partout de nombreuses offrandes pour relever la maison de l'apôtre, dont la mémoire était encore vivante au milieu des contrées civilisées par lui. La course à travers les pays que nous signalons est le théâtre de nombreux prodiges. De retour à Saint-Amand, les religieux se mettent à l'œuvre pour la réédification de l'abbaye.

Au siècle suivant, de puissants seigneurs ayant voulu s'emparer des biens du monastère, les reliques furent de nouveau conduites en procession à travers le Brabant, et les Amandinois obtinrent secours et justice.

Comme on le voit, saint Amand dont la puissance fut si grande pendant sa vie, puisqu'il put ramener à la Foi des peuples entiers et des rois puissants , couvrit encore de son ombre protectrice notre cité et le pays tout entier.

Son culte fut presque universel ; on le célébra en France, en Belgique , en Angleterre. Au jour des grandes calamités, les bons habitants du comté de Pévèle , nos pieux ancêtres , venaient s'agenouiller au tombeau du bienheureux , et toujours ils trouvaient force et assistance.

Mais il advint un jour qui jeta au vent ce que douze siècles avait respecté ; ce jour ce fut 93 ! Dès-lors , c'en est fait de l'antique abbaye d'Elnon. Une suite non interrompue de quatre-vingt-trois prélats , 1154 ans d'existence , des bienfaits sans nombre , une église dont la majesté saisissait d'admiration , rien n'arrête le marteau démolisseur. Et pourtant à des époques réputées barbares , que de cataclysmes épouvantables étaient venus assaillir le monastère sans l'anéantir ! Les Normands au neuvième siècle , l'incendie au onzième , la guerre au quatorzième , les Gueux au seizième avaient éprouvé cruellement l'abbaye ; toujours le couvent et la précieuse châsse de saint Amand avaient reparu du milieu des ruines.

Mais ici, ce sera la racine même de l'arbre que l'on attaquera ; les rameaux seront dispersés , l'arbre sera abattu , le sol même sera enlevé et vendu à vil prix , afin que le souvenir de ces lieux soit banni à jamais de la vallée d'Elnon.

La suppression des monastères venait d'être décrétée : une troupe de fougueux partisans pénètrent dans l'abbaye , et prennent le parti de détruire au milieu des flammes !a plupart des objets religieux. Les reliques de saint Amand et des autres saints sont arrachées , les statues sont descendues de leurs niches et traînées dans la première cour de l'abbaye. Les tableaux et les boiseries dont on n'attend qu'un prix médiocre , suivent la même voie.

Un immense bûcher, en forme d'amphithéâtre , se dresse au centre de la Place. Ce n'est pas assez, de nombreux spectateurs doivent assister au sacrifice ; tous les vrais sansculottes sont présents, les timides sont amenés de force au nom de la loi.

Il était quatre heures du soir. Le feu est mis au bûcher par l'enfant d'un des plus zélés démagogues. Bientôt les flammes tourbillonnent.

Par un sentiment de confraternité révolutionnaire, les mains se réunissent, une chaîne se forme, et tous dansent autour de cette hécatombe, en chantant quelques couplets soi-disant patriotiques, répétés par les échos des vastes corridors des cloîtres.

Quand tout eut été consumé, de copieuses libations, payées par les celliers de l'abbaye, récompensèrent nos courageux travailleurs.

Tout fut donc anéanti de la châsse de saint Amand ; je me trompe, une partie du corps avait été accordée autrefois par l'abbaye à une église où le Saint était en grande vénération. C'est un fragment de cette relique que possède aujourd'hui notre paroisse ; et c'est sa translation qui fait l'objet de la fête de demain.

Que cette manifestation n'étonne personne; si honneur oblige, de nombreux services réclament à plus forte raison de la reconnaissance.

Un jour nous avons vu, dans une cité voisine, où le culte des arts est réputé noble et grand, rendre à la dépouille d'un peintre célèbre de somptueux honneurs. Gloire à cette ville ! car ses enfants sauront qu'après les avoir suivis dans le chemin de la gloire, elle aura encore pour eux le souvenir du cœur.

Saint Amand, à plus forte raison, mérita beaucoup du pays. N'est-ce pas lui le régénérateur de nos pères, le fondateur de notre cité, la cause de nos franchises. N'est-ce pas lui qui a le premier défriché nos forêts, desséché nos marais? On vit ses successeurs s'inspirant de ses œuvres, commencer à faire rentrer dans son lit, la Scarpe répandue au milieu des marais. Nos eaux thermales doivent à l'abbaye ce qu'elles sont maintenant. De nos jours encore, les pauvres de la commune reçoivent leurs principaux revenus du comte d'Egmond, abbé de St-Amand, surnommé le *père des pauvres*, qui leur accorde, en 1554, son vaste domaine de la Puchoie. Les orphelins doivent uniquement leur fondation à la munificence du même monastère.....

Justice donc! s'il y eut un jour d'égarement, le jour de la réparation devait suivre

UN ENFANT DE SAINT-AMAND.


Saint-Amand, le 10 février 1866.

# TRANSLATION
## DE LA RELIQUE DE SAINT AMAND

### DIMANCHE 11 FÉVRIER

### PROGRAMME

**MATIN : 7 heures 30 m.** Exposition du Reli-
quaire au reposoir de la Grande-Place.

**9 heures 15 m.** Le Clergé se rend processionnellement au pied de la tour, et là, au milieu
des autorités réunies, il lève la Relique sur
laquelle il donne immédiatement la bénédiction.

**9 heures 30 m.** Détonation des campes, retour du cortège au bruit des chants et au son
du carillon, des cloches et du bourdon.

**10 heures.** Messe solennelle et panégyrique
du Saint.

**SOIR : 2 heures 30 m.** Vêpres, vénération de
la Relique.

Lundi et Mardi, Vénération de la Relique.

St-Amand. — Typ. Saniez.

# TRANSLATION

## DE LA RELIQUE DE SAINT AMAN[D]

### DIMANCHE **11** FÉVRIER

## PROGRAMME

**MATIN :** 7 heures 30 m. Exposition du Re[li]quaire au reposoir de la Grande-Place.

9 Heures 15 m. Le Clergé se rend processio[n]nellement au pied de la tour, et là, au milie[u] des autorités réunies, il lève la Relique av[ec] laquelle il donne immédiatement la bénédictio[n]

9 Heures 30 m. Détonation des campes, r[e]tour du cortége au bruit des chants et au so[n] du carillon, des cloches et du bourdon.

10 Heures. Messe solennelle et panégyriqu[e] du Saint.

**SOIR :** 2 Heures 30 m. Vêpres, vénération [de] la Relique.

Lundi et Mardi. Vénération de la Relique.